Pequenas Histórias de Amor e Morte e outros assuntos referentes

a Robert Desnos — *in memoriam* —,
agradeço; escrever consciente do absurdo
muda tudo

Nota do editor

Ao adentrar essas "pequenas histórias", o leitor logo perceberá que os poemas, contos e desenhos de Gilles Eduar conversam muito entre si. E não à toa: cria-se aqui uma espécie de mitologia, um universo próprio de seres raros e imaginários, de apenas ligeira proximidade à variedade humana que estamos acostumados a lidar, estendendo-se isso muitas vezes a animais, plantas e coisas; como nas fábulas antigas.

Também as histórias se tornam raras, apenas imaginárias e surreais. Mas surpreende-nos que toda uma "fauna humana" disfarçada de seres e coisas possa sair da imaginação de uma só pessoa? Nem tanto... Há décadas Roland Barthes (*O grau zero da escritura*, 1953) definia o estilo próprio como um mergulho na "mitologia pessoal e secreta do autor", a ponto de se criar uma "linguagem autárquica", construída a partir da "hipofísica da fala". Para o verdadeiro autor, é nessa mitologia que estão instalados os "grandes temas verbais de sua existência". E há momentos em que se leva mais a fundo a liberdade de mostrar-se em todo o seu mundo interior, como é o caso destas "pequenas histórias".

Gilles é artista renascentista: além de desenhos e escritos, produz música e dança, sabe representar... Suas personagens não descrevem apenas sentimentos humanos, mas disfarçam-se em coisas, metáforas fáceis e difíceis de adivinhar, sem que por nada se deixem levar por moralismos inúteis e casuais. Descrevem assim uma série de comportamentos e contradições humanas, prevalecendo o cético e, ao mesmo tempo, o bem-humorado sobre o que se narra, através de figuras cercadas de amor e defeitos.

Formam essa "mitologia" alguns animais de criação (boi, vaca, cabra, burro, carneiro, ovelha, porco, galinha, frango, pato, gato, cão, papagaio) e outros que chegam de surpresa (sapo-martelo, baratas tontas, moscas obesas, peixe, polvo, tartaruga, estrela-do-mar), trazendo também personagens plantas (batatinha, cebola, couve, rabanete) e de pessoas com nomes *sui generis* (Malaquias, Idelfonso — e aquelas vindas de outras literaturas, como Bóris, Padre Amaro, Dulcineia). Cada uma delas vive a sua situação inusitada, como estar "farpado", armazenando formigas, vendo uma "chuva pelada" ou notando o "sorriso de quase brilho" em alguém.

    Convido-o, leitor, a viver essas histórias realmente raras, imaginárias, com apelos de humor negro e um tanto surreais, mas narradas com delicadeza, uma delicadeza viva e sem tamanho, que nos faz tirar o chapéu.

Filipe Moreau

O insolúvel
das nuvens

— poemas —

9	a minha micagem	41	nada de sobras
11	as mulheres são de lábios	43	aahaaahhaharréééé!!!
		45	vejo passar na rua
13	nenhuma concentração	47	estou cercado de mar com
15	pintei o meu carro prata de rosa-lilás	49	coqueiros
		51	enfio minhas mãos no céu
17	por favor		
19	o sol passou	53	janelas caídas
21	o medo	55	no quiriri da noite
23	bambus noturnos	57	calor
25	armazenei formigas	59	coração ímã
		61	as almas
27	quem dera	63	duas rosas
29	lilases os medos	65	sob saias de algodão
31	por trás		
33	paro de escrever	67	algum nylon obscuro
35	estou meio triste, é verdade	69	dedos magros
37	palavras cranianas	71	a folha falha e forfulha antes de cair
39	aproveito a oportunidade	73	a barata

75	o astro	109	tão docemente quanto
77	nada além de		
79	obesas são as moscas	111	meninas de ventres pálidos
81	aqui e lá	113	sentado aqui
83	pedra leve	115	abraço seu corpo
85	um cigarro	117	mil braços moles
87	tira o laço do sapato	119	surpreso
		121	maria dos gostos e desgostos
89	três dias		
91	meus pés juntos	123	sapo-martelo
93	dois ou três olhos	125	além da pata
95	num sorriso de quase brilho	127	a vaca
		129	baratas tontas
97	durma sobre mim	131	MINHA CARA
		133	farpado como se deve
99	a cada lua		
101	já te vi	135	traço o perfil
103	os meus braços	137	o pato patife
105	gosto de ver a chuva pelada pela porta	139	galinhas de vidro
		141	a folha sacode o gato
107	suaves de tamanhos diferentes	143	na frente do carro azul

145	cabeças longe dos corpos	181	sapato para pato andar de fato
147	o avião lotado	183	noel
149	o ovo é o futuro da alma	185	sombras de encontros memoráveis
151	octávio octogonal	187	meio dia
153	a alma lava a roupa suja	189	numa feira
155	show	191	abri todas as portas
157	terras e terras	193	à dulcineia vivo emprestando
159	como o padre amaro	195	crianças brincam
161	ilusões	197	frente a toda plateia
163	coração	199	venha bóris
165	cebolas		
167	acabou		
169	amor		
171	jaz		
173	abriu a porta		
175	sumiram dois trens		
177	na varanda da cozinha		
179	o sapo engoliu		

a minha micagem
fabrica a minha imagem
de mico mica porcelana
tornozelo fino
asa no calcanhar
caio
quando começo a voar

as mulheres são de lábios
e eu as vejo
se me curvarem
dobro
se me dobrarem
beijo
borboletas safiras
terra dedo
fumaça falange
efemeridade

nenhuma concentração
nesta chuva malpassada
vai me fazer mudar
de sapato meia calça e camisa asfixiados
    ainda por um beijo de amor

pintei o meu carro prata de rosa-lilás
e passeio feliz
com uma placa vende-se
sabendo que ninguém vai querer comprar
                                      a felicidade

que é
passear num carro lilás

Por favor
meu amor
ascenda o meu cigarro
que não fumo
beije minha boca
que não beija
beba só um pouquinho
   do meu sangue contaminado
   pelo medo
Aqui na minha mesa
tenho vista para todas
as estações
os aeroportos
os vales
os mares
a imensidão das pedras
e nem noto que tudo poderia ser
pura diversão

o sol passou
por aqui
tão imóvel
na sua trajetória
retilínea
e eu nem vi
conversava com
minha sombra
que desapareceu
na noite
agora não sobrou
ninguém

o medo
sempre
existe
é melhor
escondê-lo
arriscar
e avistar impercep-
tíveis moluscos
dançantes no uni-
verso total:
somos nós

bambus noturnos
estalam
como navios nas ondas
vento
vendo
parece mentira

    armazenei formigas
vermelhas
       de 6, 5 e 4 patas,
   lesmas amarelas
colhidas em suas verduras
                 no azul do céu
   o rabanete tão singelo
por dentro
   por fora tem
   a cor do desespero

quem dera
ser político
ser crítico
de alguma coisa
de algum cargo
bem pago

lilases os medos
  minhas mãos
  a morte
fugazes a luz
  a sorte
  o desejo perpétuo de entender cada
    ranhura da minha pele cravada de
    objetos microscópicos
em cima o universo passeia
no silêncio mole
de uma gaivota

por trás
já vinham vários faróis
bicudos e tortos
açoitando a noite
dos homens que me querem vivo
fujo o tempo todo
minto o tempo todo
   como janelas espelhadas
e só chegarei quando totalmente estiver perdido

paro de escrever
paro de sonhar
me dá vontade de dormir
quando durmo não sonho
durmo
e respiro um pouco para não morrer

estou meio triste é verdade
mas é passageiro
  tantos
  tatus
  tateiam
  tetas
  tristes
tenho muitas histórias onde meus olhos
                     podem bailar
ando nu sobre meu cobertor de nylon
  no velho
  tédio
  toda navalha
  vale

palavras cranianas
como amebas anfetaminadas
se comem
se dividem
se trucidesquartejam
animalizo-me em meu silêncio
  enquanto objetos circundam
  o ar
águas paradas
palavra paladar

Aproveito a oportunidade
nessa fantasmagórica ocasião
de um aleatório orgasmo
cheio de felicidades
para parabenizar a noiva.
 Beijo-a como devido,
 comovidamente.
　— Parabéns, noiva, sucesso,
success,
　　　　su sexo
　　　　　　is very beautiful.

nada de sobras
nada de sombras
então nada de nada mais soçobra em
sombras sobre sobras de sonhos
como se nada houvesse...
mas eu sei que houve
juro que houve
como não ouve mais
o ouvido demais
acostumado

aahaaahhaharréééé!!!
meeeeeeriuuuuuuuuhh
sacacamormas!!!
freridas toputopuns,
quimerdaquiteriaaah!
rrrrrraahahahahhhhh
ricon come soascooo!
afuekibostassshmerj
euienvcjnxzjkhhjkkkk
kkkrkrrrrrrtttrtrtrtr
... fhfhfhhhfffh
rá!!!!
 huuu...
          : vvuh!

       se
       cicamortrizan
       fosse
       remédio
       eu
       tomaria
       parece
       ser
       bom
       como
       um
       band-aid
       no
       coração

Vejo passar na rua
duas espáduas de mulher
7 espadas de homem
uma dúzia de colher
uma manada de lobisomem
e uma cantiga de ninar na
   boca de uma negra
Sinta-se em casa meu menino
   sinta-se em casa dizia tio
   Alfred andando pela rua

estou cercado de mar com
  tubarões cor de rosas
sou ilha a mil milhas dos seus olhos
seus olhos minhas pilhas que joguei ao mar
  aos tubarões
vocês que se entendam
enquanto isso fico na praia vendo as ondas
  quebrarem o pescoço
fico tonto de calor
desmaio de inveja
morro de saudades

coqueiros
coqueiros
coqueiros
coqueiros
coqueiros
coqueiros
coqueiros
coqueiros
coqueiros
coqueiros
coqueiros
coqueiros
 escrevê-los
 por não
 vê-los

enfio minhas mãos no céu
misturo algumas nuvens para
embrulhar o tempo
que vivo perdendo
olhando para as nuvens

janelas caídas
paredes falsas
pernas caídas
pernas falsas
laranjas mordidas na casca
   pelas ruas corcundas
     eu ando trêmulo de corpo inteiro
     haja coragem

no quiriri da noite
 o som afoito de quem ri

calor
local
nuvens transparentes
no bocal
flutuam ausentes
dois peixinhos

coração ímã
sutiã
sua tia tinha peitos enormes
suave idade

as almas
dos dinossauros
ocupam
todo lugar no céu
os bichos pequenos ressuscitam
os homens vacilam

duas rosas
deram adeus ao sol
a chuva desceu forte
  no chão vermelho e quente
  duas cigarras adormecem

sob saias de algodão alternam-se joelhos em perigo
o dedo rala
o coração esbarra

algum nylon obscuro
numa sopa de carbono
flutua
cabelo de boneca

**dedos magros
e punhos de estrela
enrolam algum cigarro
pode trágico
ser o movimento**

a folha falha e forfulha antes de cair
cheia de vento
cheia de tempo

A barata
desata
de trás do divã
Sonho
contigo
toda manhã

o astro
assa
a massa pura do osso
se vangloria o moço
de sua momentânea eternidade

nada além de
   nada
   alguém que
   nada
e entre duas ondas se perde
                     como um fio
     (a
     chuva
     foi
     meticulosamente
     construída
     para
     dançar)

obesas são as moscas
obesas e ocas
    beijos
       e bocas
          nos vidros
o calor é surpreendente

aqui e lá
em nenhum lugar
voam minhas tias
cansadas de viver

**pedra leve
coração pesado
   engula a pedra
   espere
   sem pensar em nada
(quem nada é peixe, quem
 peixe é n'água, quem
 n'água é nabo, etc...)
a pedra some
o coração desova**

um cigarro
sob o nariz aventuroso
uma glória
    em cada olho
saboroso
uma boca pequena
que beija o mel o mal a abelha e outras
bocas
e os cabelos que dizem sim entre
    os dedos de ossos e peitos grandes
    que olham para o mundo à procura
    da razão

tira o laço do sapato
põe o laço no braço
porque acha mais bonito
estará mais perto dos olhos
olhos azuis
laços azulaços

três dias
duas noites
ou três se você quiser ficar
talvez até eu me acostumar
ao mar de suas costas
às omoplatas de suas conchas
ao fundo marinho do teu
infinito abismo

   meus pés juntos
   seus pés juntos
        pé de pato
        pé de rã
temos que começar de algum lugar
juntos os sapatos
cuequinha
sutiã
nós
nus
na
manhã

dois ou três olhos
umas quatro bocas
apenas um nariz
e duas mãos com vários dedos
um par de umbigos
um sexo só
e algumas pernas
dançaram de verdade esta música tão frágil

num sorriso de quase brilho
penduram-se tatuagens moles
ondas aos pares
instáveis espumas
em
seus
olhos

durma sobre mim
porque meus ossos são vadios
e são capazes de fugir
enquanto durmo
deixe seus peitos se amassarem nos meus
e seus joelhos riscarem os meus
morda minha língua para não falar o
   quanto te amo
enquanto durmo durma sobre mim

a cada lua
um céu
sob todo céu
a rua
  que vai passando
  e você imóvel
  peneirando o ar
  do seu olhar
  interno de esfinge
          urbana

já te vi
mais altiva
jamais te vi
tão crua
seus olhos piscam
seus cílios picam
sua boca beija forte
   corte
um cheiro suave
          de sangue
anfetamenina
ossos espétalos de flor
a carne viva
ninfeta retina
jamais te vi tão nua

os meus braços
que nunca uso
seguram o meu amor
seguram um momento
a dor
solúvel das nuvens imóveis
das leves tatuagens

Gosto de ver a chuva pelada pela porta
entram águas
chovo eu
como goteira de curral
Tudo bem as vacas encalhadas na
   calha cavada pela chuva. Sou eu
   vaca mela bosta alga lama
chovo eu
você me abraça
encostamos a porta
engenharia do encaixe
e continuamos conversando baixinho
jijichichuva

suaves de tamanhos diferentes
seus olhos abriram
e se abriram mais
até ficarem de tamanhos iguais
a noite já foi embora
não se mexa
faremos café para nós três
antes da chuva parar
e reparar outra vez que nuvens minúsculas
   dormem em sua boca

tão docemente quanto
o afeto   o abraço   olhos
na íris piscina
   relaxo os meus olhos
      e vejo você dentro
         de mim a iluminar minhas tripas
           e você se ri toda
              do meu beijo clarineta
                amo
                  a

meninas de ventres pálidos
dedos esquálidos
desejos sobressalentes
ilíaco
clavícula omoplata
e joelho de platina
eu acorrentaria tudo
  uma nuvem
  presa na sala
  chove
  molha tudo
  e não sobra nada

sentado aqui
sem notícia nenhuma
o que você lê entre as linhas dos jornais?
ou entre as calçadas de sua cidade
                              milenar?

sua cidade nenhum lugar
perdida como um fio solto pelo chão do
                              seu quarto
um fio solto
você dorme em meus lábios

Abraço seu corpo
seu corpo voador
longe de mim tem a dor
do meu corpo sem braço
Beijo seus olhos seus
    buracos e pelos
Beijo seu
beijo que tem cheiro
    de seu
beijo
Mordo seus ossos
arranho algum pedaço
e deixo no seu braço
a marca do desejo

mil braços moles
    range
    o sofá
    solasidó
vozes
águas barulhentas
ondas beiçudas
linguarudas
enormes
    lá fora
    a noite espalha beijos pelas pedras

surpreso
de te ver
preso
de te ver
peso
de te ver
só
de te
ver

Maria dos gostos e desgostos
alguma coisa sente
senta
levanta e fuma
são quatro cigarros desde aquela hora
dois choros três risos
o tempo muda
nunca muda
vive
vive
vive
viva tu
Maria cê tu

sapo-martelo
boceja na bigorna
baba
e baba colorido
baba de todas as formas
amorfo sob o marmelo
o sapo martelo
adormece

além da pata
a pena
além da pena
a pele
além da pele
o pato
além do pato
o pato pelo avesso
e tudo que tem dentro
quando o resto
não tem cabimento

a vaca
cava
dias em silêncio
o boi
boia
na grama
a vaca enterra o boi
o boi dorme
a vaca chora
dias em silêncio

baratas tontas
rondam
voltam
revira volta
algumas voam
para que revolta
se baratas são eternas?

MINHA CARA
NÃO É MINHA CARA
É SUA CARA
SUA CARA
 MINHA CARA
ENCARA
MINHA CARA
E MINHA CARA NÃO
 ENCARA
 TODO O
 REALISMO DESSA
 VIDA

farpado como se deve
o arame
arranha
na manhã como se deve
arma
no arame
farpada armada e tranquila
uma teia de luz
balança leve
a aranha

traço o perfil
de cada vaca magra
e cada vaca magra
deixa o tempo passar até os ossos
como nuvem quebrada no chão
quietinha
(e dizem que a terra é redonda)
pedridade da pedra
na repetição da nuvem
                a vacuidade da vaca

o pato patife
o galo califa
o porco rosbife
    o pato é pato
    o galo é rei
  e o porco come
  como comem poucos
galo
pato
gargalapato
é tudo pena do mesmo saco
 (o
    porco
        que se
           cuide)

galinhas de vidro
hipnotizadas de chuvas
penas mornas
aos pintinhos cabe o colo da mãe
(entre as duas patas estáticas esfuma-se o tempo)

a folha sacode o gato
da árvore ele cai
caem folhas que enterram
o gato que
caiu
da árvore
(que)

na frente do carro azul
passaram dois carros brancos
o farol estava laranja
a menina atravessa
a rua com suas
asas de anjo

cabeças longe dos corpos
pelos córregos escorregam as frutas
as casas recuam ao passo das pistolas
fardados como um bicho de pelúcia
meninos aguardam
o fim de tudo

o avião lotado
atado em nuvens turbulentas
   um cardume?
   uma manada?
um conjunto de almas atentas
mais nada
      (a morte
     foi a única
      sobrevivente)

o ovo é o futuro da alma
 o osso é o futuro do ovo
um ovo sempre será um novo ovo
         ovos e almas
     e deus que acha tudo lindo
         bate palmas

Octávio octogonal
que perfeito
figura magistral
até no peito
50 pelos de cada lado
e nada no meio
apenas o coração aberto
para o enfarte
quando souber
que Silvinha
namora Eduardo
Octávio seja menos geométrico
e cante uma balada dodecafônica

a alma lava a roupa suja
a alma enxágua a roupa suja
a alma torce bem
o corpo seca no sol
histórias:

Lembra quando etc. etc. etc.

show
informal
pequenos velhinhos tocam
em formol

terras e terras
são poeiras de silêncio
o vento
morde a aranha
muito segura de si
na luz
a retina fixa os segundos
patas de lã
fios de vidro
a velocidade pode demorar horas

como o Padre Amaro
que cometeu um crime e nunca soube
esta pequena borboleta não coube
neste amarelo tão raro...
venham a mim asas inexatas:
o vento é preciso como o infinito
  estampado nos lençóis turcos

ilusões
gordas e bailarinas
sobre um fio
sobrevoam
a cidade acolhe
a cidade encolhe
a cidade escolhe
quem pinga
cai

coração
músculos
fígado olhos
e intestino
    neurônios
    neurônios
    neurônios
o último a queimar
    apaga
    a luz

cebolas
lágrimas de crocodilo
tomates expõem seus nervos frágeis
a faca não tem dó
a faca não pensa
a faca cumpre o seu ofício
tomato
fi
ci
na

Acabou
no cabo
calabouço
pescoço e pernas
duros como dedos
atrás das grades
acalabouce
mudo.

amor
saias clorofilas
no breu prolongado da noite
o amor brinca
dor esconde dor
os anéis   os sonhos   a prudência
ambivalência

jaz
nas jazidas do norte
morte
brilho no dente
a dor que ninguém sente
porque não pode
porque não quer
a lua passa por cima
e nem olha para baixo
a lua na terra
atua na
serra
paz

Abriu a porta
ela entrou em casa
ela e as três nuvenzinhas que a seguiam
ela não disse nada
(nem as nuvens muito educadas)
apenas subiu a escada
tirou a roupa
e deu para mim sua barriga suas pernas
    e dedos seus ombros seu cheiro suas bocas
    de lábios macios seus joelhos seus pelos
    e cada estrela cravada em suas costas
Enquanto isso as três nuvenzinhas assistiam
    televisão no quarto ao lado
De manhã tomamos café juntos os cinco
    pão com manteiga e muitos risos antes das
    nuvens irem embora

Sumiram dois trens
   onde
      foram
         parar
                  ?
Perguntaram aos bois

— Boi?,   com licença,
            onde foram parar os trens?

— ...

O boi leva ao matadouro seus segredos de trem de vaca de luz e a cerca de 20000 metros farpados com seu pasto dentro e ele mesmo dentro dos seus sonhos.

na varanda da cozinha
três galinhas solteiras
ficam girando sozinhas
esperando as trepadeiras
crescerem

penso ooooooooooh
penso uuuuuuuuuuh
penso que tudo vai dar xabu

o ovo já fritou três vezes
dois trens colidiram na estação
apenas um juiz é nomeado para o cargo

e as galinhas tão lá
sorrindo para deus e o mundo

penso aaaaaaaaaah
penso iiiiiiiih
quero ver a magali

O sapo engoliu
  um sofá
  um abajur
  uma enxada
Se não souber ler
pergunte ao guarda
Se duvidar
   pergunte a mim
lhe farei um desenho

   tim

       tim
    por

    tim

        tim

sapato para pato andar de fato
aposta para sapo andar na sopa
sopapo para ostra nadar de costa
afasta o rato para pisar na bosta
Albertina minha vó
contava histórias do outro mundo
para dormir em um segundo
e a gente ficava
acordado

Noel
descabelado do inconsciente
acha tudo magnífico
   o vento a praça o tremor que passa
e até uma certa velhinha que foi considerada
bruxa por especialistas
   uma flor aqui
   outra ali
   outra...
 — Algumas meias andam sozinhas
 são meias sensíveis
 que atravessam a rua
 sem mão nem cabeça...
e eu fico sentado aqui ouvindo
tentando compreender o sorriso de Noel

sombras de encontros memoráveis
quatro grandes canibais
comeram entre si duas pernas e vários braços
foi um belo banquete
como sempre um queria pagar tudo
dele só sobrou um tronquinho feliz que não tinha
   nem como voltar para casa

meio dia
meio fio
meio morta
uma metade entre o céu e a terra
a outra ninguém viu
evaporou no capô

Numa feira
de ambulantes
uma garrafinha de plástico
gritava prutasegepunes!
         mutasegegumes!
         cutasegejumes!
         crutaserelumes!
         sutasetemunes!
         butasefegunes!
         trutasenegumes!
— FRUTAS E LEGUMES!!!
berrou o chefe da barraca
e despediu a garrafinha de
  plástico

abri todas as portas
e atravessei a cidade com
    meu travesseiro de plumas
às galinhas devolverei meus
                        sonhos
meninas enviesadas
montanhas satélites
passos cosmopolitas
o
céu
permanece azul num grande sorriso

À Dulcineia vivo emprestando
   mil travesseiros
para forrar sua cama afundada
   de puteiro
Estranha pele lisa e branca
Rímel em torno dos seios
   não sei por que
Dulcineia com suas pernas
   longas e finas me atrai
   como inseto em parafina
Dos grandes sonhos que ela
   teve um foi de ver o mar
Na hora que ela viu se espantou
   — É tão confuso assim?
      e sorriu
      me beijou e disse
   — Deve ser difícil trepar
   aí dentro

crianças brincam
em nuvens roubadas
são risos claros
sombras que mudam
um pouco mais longe
as mães olham
desaparecerem na chuva
seus filhos roubados

**Frente a toda plateia
eu mesmo vi Medeia
tirando a calcinha
e mostrando o seu cu
espumando de ódio
só porque seu namorado
esqueceu sua fala num
       momento de amor
(Na verdade eu achei que foi
muito bom, dum realismo
sutil que só ela não viu)**

Venha Bóris
não tenha medo
do desejo
das vitrines
dos ossos empilhados nas esquinas
Venha Bóris
não tenha medo
o mundo cão está às suas patas
pataquipatacolar
as vitrines são para olhar

Pequenas histórias
de amor e morte

— contos —

201	Joana Malaquias	229	O barco e seu carregamento de aquários
203	O limoeiro		
205	Os papagaios e as bananinhas		
		231	A ovelhinha e o marciano
207	O carneiro do padeiro		
		233	Marco Antônio e os três gatos
209	O peixe Ambrósio		
		235	A vaca de três pernas
211	Felipe Manga do Parque das Capivaras		
		237	Os peixes pernocudos
213	O cão	239	O porco espacial
215	Idelfonso e seu pato	241	Três estrelas do mar
217	A vaca Cleunice e Eustáquio, o burro	243	Antas e Sandra
		245	A viagem dos macacos
219	A galinha e a nuvem		
221	Tartaruga e Zé Polvinho		
223	A couve gigante		
225	Gusmão Rabeca		
227	A batatinha nervosa		

Joana Malaquias

De manhã, quando foi mais tarde que meio dia, Joana Malaquias foi no fundo do quintal desenterrar os ossos do seu marido. Já nem tinha mais tantos, uns quatro quilos ao todo talvez.

    Ela os espalhou pelo chão pleno e formou o desenho do falecido Tião: seus olhos com os ossinhos da mão, seu nariz, sua boca de osso oco, faces de omoplata, o pescoço e o começo dos braços. A coluna não chegava ao baço. Pronto, lá estava Tião deitado no chão, sorrindo seus dentes. À sua volta, Joana choveu grãos de arroz e com os grãos de girassol, ela fez um desenho. Esmiuçou 8 margaridas e plantou flores de laranjeiras. A melancia partida ao meio avermelhava o ar. No fim de tarde, Joana Malaquias juntou o que sobrava dos ossos. As galinhas cheias de melancia cantavam bem baixinho. O buraco virou chão de novo. A noite veio mesmo.

    O cachorro chupa um osso à beira do portão.

O limoeiro

O limoeiro atrás de casa trouxe limões verdes, amarelos, azuis. Ele entrou na cozinha com seus galhos e folhas, deixou os limões sobre a pia e pediu que eu lhe cortasse suas unhas.

Uma aqui... duuuas ali... trêêêêêês e aquiii quaaaatro.

O limoeiro, sentado num banquinho, ia me contando histórias saborosas e azedinhas... Vinte e seeete... as unhas iam caindo pelo chão espalhando pela cozinha um sabor de verde limão. Trinta e trêêiês...

— Sabe, disse ele, na verdade, bem verdinha, sem querer ser galho duro, estou aqui para me queixar, só um pouquinho, da jabuticabeira da beira do muro que me embrulha de sombra vermelha escura a partir das três da tarde.

— E os limões azuis? — perguntei.

— Pois é, são azuis — disse ele.

— São lindos... E o sabor?

— Especialmente quase doce...

O limoeiro fez uma longa pausa, olhando para mim.

— Bem, acho que vou voltar para minha sombra — disse ele agradecendo a poda das unhas.
— Volte sempre, lembranças à sua amiga e diga que também gosto muito dela e da sua azedinha jabuticaba amarela.

Os papagaios e as bananinhas

Os papagaios estavam quietos de tão famintos...

Ora, três bananas miniaturas andavam pelo caminho estreito da floresta. Muita conversa, o assunto era regime e o quanto se deve andar por dia para não se tornar uma banana enorme.

Os papagaios, que não abriam a boca há três dias, dividiram as bananas entre eles. Irmãmente descascaram e cortaram em rodelas as três bananinhas tagarelas.

Quem avisa amigo é: papagaios mudos são um perigo para frutinhas ambulantes.

Poizé, Zezinho e Cakulé voltaram para o topo da árvore.

O carneiro do padeiro

O carneiro do padeiro amanheceu doente do dente. O dentista olhou de vista e disse assim:

— Moa a ponta do chifre, corte a ponta do rabo, misture tudo com saliva e embalsame sua gengiva — e ele disse mais, em alto e bom tom:

— Jejum obrigatório e nada de refeitório. Em três semanas ficará bom.

O dente ficou bom, mas os miolos desandaram. Só com a pele no osso, o carneiro, alucinado, cometeu o crime do oratório: devorou o Santo Antônio, a estátua de barro, aquela do refeitório!...

Pelo ato o carneiro foi condenado ao suicídio voluntário: pular do telhado beijando o escapulário. Mas Santo Antônio que é santo, e não pouco, resolveu se revelar através deste quase louco... O carneiro estropiado no chão conseguiu se levantar e num gesto milagroso, declarando-se mestre poteiro, cagou três santinhos, vejam só, de corpo inteiro. Três Santo Antônio, todos iguais, as mesmas vestes, a mesma figura, com exatamente meio palmo de altura.

Desde então o carneiro viaja pelo mundo. Sob chuva inóspita, sobre o mar que é mar, sob o sol que tosta, ele deixa em cada altar uma estatueta de bosta que se põe a chorar, acredite ou não, novelinhos de lã no dia de Santo Antônio.

O peixe Ambrósio

Ambrósio, o peixe salivador, soltava bolhas de tinta azul. Seus olhos esbugalhados de curiosidade seguiam as bolhas até elas se desmancharem na fronteira do ar.

Às vezes, quando Ambrósio ficava um pouco mais triste, umas bolhas mais cinzas e mais densas cobriam a superfície do seu aquário.

— Tempo nublado — pensava Ambrósio — vai chover no meu aquário. Talvez caia uma peixa lá do céu, uma peixa-anjo, uma peixa-raia para eletrizar meu coração...

E Ambrósio soltava novamente uma daquelas maravilhosas bolhas azuis de emoção.

Felipe Manga do Parque das Capivaras

Entre duas árvores um pouco tortas, uma quase morta, Felipe Manga construiu sua casa: cinco folhas de bananeira, três tábuas, uma porta sem batente, barbante, um pente, uma bacia e uma galinha ruiva que diz bom dia. Felipe esticou o corpo, os olhos e começou a levitar até o primeiro galho da mangueira. Colheu a fruta, desceu, descascou, comeu.

Sua galinha disse de novo bom dia. Felipe concordou. Pediu emprestado uma pena de sua amiga e começou a desenhar contas no chão.

3 repolhos, 2 sacos de cimento, 1 ferrolho, 1 mesa para televisão, 2 filhos, 20 quilos de feijão. 1936 foi um ano bom. 1937... 1940... 50 foi uma paz esquisita. 51 uma filha tão bonita. 62 herdou o alambique. Em 67 o convidaram para ser zelador do Parque das Capivaras. Nunca ninguém fora visitá-lo, fora o fogo, as araras e sua filha em 1986... Calculou também quantos dias lhe faltavam: 18 ao todo.

Estava tudo certo e sua galinha já sabia rezar...
A próxima vida seria para ver o mar.

O cão

O cão amou seu dono até o fim. Quando o dono morreu ele saiu pela porta e foi até o bar do Pedro Mimosa. Pediu sozinho sua cachacinha. Seguiu, não comprou o jornal, mas leu a primeira página. Leu a manchete, ficou feliz: Miranda F. C. jogará hoje à tarde a partir das 16h.

    Voltou para casa. Do seu dono, esticadinho na mesa, lambeu o pé. Saiu de novo pela mesma porta, mas não parou no bar do Mimosa. Seguiu em frente, saiu da cidade. Foi até o cemitério. Cavou um pequeno buraco e lá se deitou. O céu estava cor de rosa, provavelmente seu dono não ia demorar; ele deitaria do seu lado como de costume todo dia depois do jantar.

Idelfonso e seu pato

Idelfonso, na sua cadeira de rodas, pedia carona. Seu pato não pedia nada, preferia ficar na sombra debaixo da cadeira. Branco era seu pato predileto. Branco lambeu-lhe a mão com seu bico molhado de suor de pato. A mão de Idelfonso, assim molhada, agradeceu lambendo a cabeça do pato.

Idelfonso colheu o pato pela pata e o colocou na cabeça como um chapéu de plumas: que sol!

O pato, que nunca havia visto um horizonte tão distante, começou a contar os montinhos de pedras lá longe, as pedras maiores e até as árvores, árvores tremendo no calor do chão, árvores longínquas, miragens ramificadas.
O pato bateu as asas velozmente pela primeira vez na vida. Seu corpo flutuou no ar e ele saiu em linha reta, retíssima, seguindo a estrada em direção às árvores dançantes.

O sol em cima, o asfalto quente embaixo e agora uma parede envidraçada correndo em sua direção: provavelmente um caminhão.

Aprender a voar não foi tão difícil, mas fazer manobras, por mais elementar que sejam, requer...

O caminhão parou para perguntar a Idelfonso onde ele queria ir...

— A lugar nenhum — respondeu Idelfonso fechando os olhos...

O vento quente soprou levemente levando algumas penas vermelhas em direção às árvores tremeluzentes.

A vaca Cleunice
e Eustáquio o burro

A vaca usava óculos escuros. O dia
era de sol e a fila muito comprida. O
posto de saúde estava muito cheio (como
quase todas as terças-feiras dia de abertura).
A fila se esticando pela avenida. Cleunice
havia trazido seu banquinho e lia um jornal
do mês passado anunciando chuva para
todo o estado. Mas nada de chuva. Seu
marido havia morrido no mês de março e já
estávamos em maio. A vaca Cleunice vinha
buscar o seu salário-viúva.

— Eu tenho direito, e não me olhem assim
— dizia ela ao pessoal da fila que parecia
comentar que ela era a única vaca e também a
única a ter trazido seu banquinho e seu jornal
com fotos do carnaval.

Certa hora passou a charrete-cisterna
puxada pelo burro Eustáquio. Cleunice não
via Eustáquio há vários anos. Seu namoro
na época havia feito sensação: — Como, uma
vaca namorando um burro? — E porque não

respondia simplesmente a vaca que não era
nem um pouco burra...
— Eustáquio! — gritou Cleunice.
O burro, com seu coração encolhido,
olhou mas pareceu não reconhecer; foi só
quando a vaca tirou seus óculos que ele todo
desabrochou.
— Cléo! — gritou o escolhido desviando do
seu caminho em direção àquela fila.
A vaca levantou com seu banquinho debaixo
do braço e foi beijar o burro. O beijo saiu seco
com todo aquele calor.
— Que tal uma água? — sugeriu Eustáquio,
e depois volte aqui me dar um beijo do céu.
Quando Cléo abriu a torneira, a fila toda
do postinho, em desordem cronológica
mas sem baderna, tornou-se a fila lógica da
cisterna. Cleunice desatou o burro de toda
aquela água santa e passageira e foram para
o postinho sem fila tomar vacina contra o
sofrimento (vacina é assim, se não serve agora,
pode servir a qualquer momento). E depois
rumaram para o leste, devagar. Água por água,
melhor a água do mar que só de vê-la acalma a
carne, os ossos, o olhar.

A galinha e a nuvem

Na porta da frente do galinheiro esperava uma nuvem. Parecia impaciente. Quando a galinha Filó-toda-toda apareceu na soleira do alambrado, a nuvem se recompôs. Arredondou-se, sorriu. Saíram de braços dados: Filó com seu guarda chuva, a nuvem com seus óculos de sol. Debaixo dos limoeiros foram passear. Outras galinhas curiosas reconheceram a rota seguindo os pedacinhos de nuvens agarrados aos galhos. Queriam dar um susto no casal. Estava tudo combinado: 1, 2, 3 e gritariam um grande BUM! Sem dúvida a nuvem assustada choveria e ela, Filó, abriria seu guarda-chuva ou seus braços acolhedores?

    Quando a trupe chegou, a Filó é que estava com os óculos escondendo seus olhos vermelhos. Em seus braços a nuvem pequenininha evaporava.

Tartaruga e Zé Polvinho

Passa a tartaruga com sua espessa carapaça cheia de lodo e rugas. O rio está cheio. Passa também um pequeno polvo chupador de algas em cascos, cascalhos e às vezes vidraças. A tartaruga estaciona sua eternidade lamacenta entre as pedras. O polvinho com seus oito braços e sua boca cheia de beijos, abraça a carapaça e, de beijinho em beijinho, limpa, lava, enxuga ruga por ruga. A tartaruga rejuvenesce algumas décadas, agradece e tece a longa história da sua vida. Zé Polvinho — é o nome do pequeno polvo —, encantado, ouve montado no lombo lustroso da centenária tartaruga (que esqueceu o seu nome). Assim seguem a correnteza até Zé Polvinho descobrir sua real miudeza quando chegam no mar.

    Neste deserto de água salgada, onde tudo não é mais que nada, o sol é o tempo, o vento o contratempo. Ondas aparecem, crescem, enlouquecem.

    — Não se acanhe, Zé, com seus oito braços você sempre poderá dar um laço em alguma

coisa, nem que seja uma onda carregada de
espuma... Senão, agarre-se à sua alma, não
resista, Zé, deixe rolar seus oito braços pelo
mar — diz a Tartaruga.

Na manhã seguinte, Zé Polvinho está só,
quatro braços agarrados num pau, os outros
quatro embolados num nó. A alma da onda
não teve dó.

O sol é o tempo, o vento foi visitar outros
mares... Onde estará Tartaruga?

Cercado de horizonte, Zé Polvinho pira,
respira, pira, respira — "Não resista, deixe
rolar seus oito braços pelo mar"... Respira,
respira, respira, respira... Seus braços
desenroscam, pingam, respingam, respingam,
pingam, respingam, brincam na água. Zé
Polvinho remou para valer. Restinga, restinga,
restinga! Tartaruga o esperava bem ali, na
esquina do rio e do mar.

— Não falei? — disse ela, tranquila.

Subiram a água doce tomando água de
coco, contando suas aventuras marítimas.

A couve gigante

Às 15 para as 6, todo dia, Evanildo começava a regar as couves. Andava em passos retos, metódicos. As 4 lesmas não se enganavam, seguiam suas pegadas firmes que sempre apontavam para a torneira. Mas desta vez elas estavam perdidas: tentavam se orientar naquele espaço pisado e repisado por Evanildo... Reconheciam o cheiro da sola do seu sapato, mas não reconheciam a direção... uma confusão...

É que as couves haviam crescido de tal modo que Evanildo, num surto repentino, dançou cinco minutos em volta de uma couve quase gigante vislumbrando toda a realidade da vida que se esconde por trás da realidade da vida.

As lesmas, para quem não existia realidade nem irrealidade, estavam perdidas nestes acidentes geográfico-ritualísticos. Nervosas, cada uma procurou uma saída por conta própria. Cada uma achou a sua e nunca mais se viram.

Anos depois encontraram-se de novo. Simples coincidência. Quatro anos amortecidos em solidões paralelas, mas é como se nada tivesse acontecido, afinal estavam as quatro novamente juntas.

No cheiro da terra úmida, no azul das couves, Evanildo descalço conversava baixinho com o pé de feijão.

Gusmão Rabeca

O seu ofício de músico era apenas dominical.
Gusmão Rabeca, de profissão era mesmo
pesquisador de bocas alheias. Ouro, prata,
chumbo e mesmo alguns detritos petrificados
que podiam render algum trocado em museus
do primeiro mundo. Mas tendo sido todo
devidamente pesquisado em inumeráveis
seções noturnas, o cemitério de Vespasiana
já não oferecia mais fonte de renda e Gusmão
Rabeca não se atrevia em fuçar em bocas
ainda vivas ou mesmo moribundas. Então seu
desejo de tesouro o fez diversificar sua pesquisa.
Bolos poderiam conter anéis de padeiro (ele
já tinha lido alguns livros sobre o assunto)
e... bem, o que mais?... Mais nada. Então
ele começou a cavar. Cavar no seu jardim,
cavar na frente de sua casa. Abriu buracos
na rua vestido com seu capacete de operário
hidráulico, presente de um funcionário da
prefeitura de Mole-mole, a cidade vizinha.
Queria achar um tesouro que o deixasse
tranquilo para o resto de sua vida. Quem sabe

seu afortunado tataravô não havia
emparedado algumas relíquias de família
em caso de necessidade. Sem perder tempo
Gusmão Rabeca começou a atacar as suas
paredes de casa. Mas algumas delas eram
apenas semi-suas e assim ele foi parar na
casa de Celeste, sua vizinha.

— Gusmão, a mim não me importa que
você entre pela porta — disse-lhe Celeste
convidando-o para sentar.

Celeste lhe ofereceu um purê de manga com
cenoura e alecrim tostado.

Gusmão estava mais calmo, nem tentou
olhar, como quem não quer nada, para dentro
da boca de Celeste a procura de brilho. E, sem
saber por que, abriu o açucareiro e pôs lá dentro
o tesouro de uma vida inteira.

Quando Celeste foi adoçar o café, encontrou
as pedras amarelas. Pegou duas, as mais belas,
e jogou o resto fora. Gusmão puxou um fio
comprido de sua camisa, dobrou, trançou e
amarrou as duas obturações. Realmente eram
as mais bonitas... O colar ficou sobre a mesa.
Provavelmente ele voltaria mais tarde, talvez
mais um café, depois da sobremesa.

A batatinha nervosa

No meio das batatas adormecidas no cesto havia uma batatinha menor que as outras, mas muito mais nervosa.

Por volta das duas da manhã, ela começava a berrar e ninguém sabia por quê. Até os legumes dentro da geladeira acordavam. As abobrinhas, exasperadas, sem poder dormir, acendiam a luz e começavam a dar voltas em círculos pelas prateleiras gritando que assim não era possível.

Batatas em geral têm o gênio manso e as deste cesto não fugiam à regra. Elas nem ligavam para o choro da batatinha nervosa.

A coisa se estenderia madrugada adentro não fosse a beterraba solidária vir consolar a triste tuberculinha propondo passeios calmantes pela cozinha escura.

Um dia em que as duas estavam naquelas perambulações noturnas, o rato Eliezer, bom de papo, convidou-as para entrar em sua casa. Aceitaram, mas só a batatinha pôde passar pelo buraco estreito da parede. A beterraba ficou esperando do lado de fora. Esperou, esperou até raiar o dia então voltou para a sua cesta junto com os nabos e rabanetes.

A partir daquela noite nunca ninguém mais acordou com os gritos da batatinha. A beterraba, acostumada com aqueles passeios, abria o olho às duas da manhã pontualmente, lembrava da amiga, chorava um pouquinho, rolava para o lado e voltava a dormir.

O barco e seu carregamento de aquários

Um navio, carregando aquários com peixinhos azuis, naufragou.

O capitão gritou como um polvo agitando seus oitos braços, tentando salvar a todos da embarcação e sair por último, conforme o regulamento. Crianças, mulheres, três freirinhas encharcadas, os homens, a tripulação... Salvou todo mundo mas esqueceu dos aquários...

Até hoje, na sala 8 (ao lado direito do vestiário), peixinhos azuis sentados no sofá esperam que o capitão lhes abra a porta para o mar.

A ovelhinha e o marciano

Aterrissou sem fazer muito barulho...
— Bom dia — disse o marciano, espanando o pó interestrelar da sua jaqueta roxa.
As ovelhas continuaram a pastar seus pastos.
— Hum... bom dia — insistiu ele...
A ovelha Dora olhou, olhou um pouco mais e convidou o marciano a pastar um pouco deste pasto maravilhoso.
O marciano sentou e pastou um pouco, sem desfeita. Agradeceu. A ovelha Dora fez bééé, fez bááá e mais bééé-cumé-qui-é...
O marciano explicou que tudo é muito grande e muito longe e se a ovelha quisesse dar um passeio...
Dora visitou alguns planetas, aprendeu o marciano e pastou pastos desconhecidos.
Quando voltou nada parecia ter mudado. Tudo estava lá, igualzinho: Dona Joana, Seu Pedro, Manezinho, a ovelhinha preta e as outras...
Dora começou a falar marciano mas ninguém entendia: planetas transparentes,

pedras de borracha, pastos coloridos... As outras ovelhas continuaram a pastar, só que um pouco mais longe.

Dora ficou na saudade, saudades daqui, saudades de lá.

Hoje, lá em cima, na pedra mais alta, vestida de monge, Dora, a ovelha, olha tudo de longe.

Marco Antônio e os três gatos

A chuva podia cair tanto quanto ela quisesse, Marco Antônio não tiraria seus óculos. Tinha acabado de comprar. De óculos embaçados, Marco Antônio errou o caminho. Vielas, poças, esgotos... Três gatos magros vieram cumprimentá-lo. Ele, com seus óculos artista de TV relaxadamente incomodado, fez que não viu mas viu: o gato ruivo vendia guarda-chuvas. O gato preto, botas de borracha. O outro gato quase preto oferecia uma condução em sua Kombi sem capota...

Marco Antônio tirou os óculos e aceitou os três.

Marco Antônio de guarda-chuva, botinhas, tomando aquela chuva na Kombi com os três gatos...

Cada um começou a lembrar músicas da sua infância, réplicas famosas de super-heróis e outras coisas.

Foram assim até Taubaté, paquerar umas gatinhas. Era noite. Olhos de gato não mentem, gatinhas são atraentes.

Marco Antônio dormiu vigiando a Kombi. Só acordou quando alguém buzinou. Era a Cleide no seu opala de prata. Aquilo sim é que era gata. Cleide pulou na Kombi e deu-lhe um beijo de lava pratos. — Cleide, não zombe, — disse ele já enxuto — temos que resgatar os gatos.

Seguiram na Kombi os quatro casais. Desceram a serra a toda prosa, animados. Marco Antônio teve que gastar o resto de freio durante a viagem e assim só foram parar quando a Kombi entrou no mar fazendo um monte de bolhas. O céu rosa amanheceu o dia novinho em folha.

Ondinhas batiam mansas na carroceria. Quando o salva vidas chegou todo mundo ainda dormia.

A vaca de três pernas

Seu Garrincha levou sua vaca para consertar.
Sua vaca de três pernas não saia do lugar.
Alugou o guincho da oficina... Leopoldo o
mecânico não sabia fazer pernas, nem de osso
nem mecânica. Propôs então uma roda de fusca:
— Veja bem, Seu Garrincha, apoiada no
peito a roda terá o maior efeito.

Seu Garrincha nem se ofusca, sugere pôr
logo duas para sua vaca não ficar com defeito
girando em círculos. Pensando bem, há
solução para tudo.

A vaca também pensou muito, pensou até
em amortecedor, mas não disse nada.

Ao lado de Garrincha, a vaca voltou
rodando para casa pinicando nos buracos
da estrada. Pararam num posto, tomaram
sorvete e encheram os pneus. Hoje não
choveria, graças a Deus.

Os peixes pernocudos

Os peixes chegaram à peixaria bastante cansados e nervosos. Tudo era muito novo para eles. Deitados sobre o gelo relaxaram um pouco mas logo começaram a espirrar.

— Saúde! — disse Miguel que já estava notando aqueles três peixinhos diferentes com aquelas pernas sobressalentes.

Dali a pouco, na peixaria do seu Libório, os três peixinhos eram notícia.

— Parecem pré-históricos, sobreviventes!

— Temos que levá-los a um laboratório!

— Hummm, mas aquelas coxinhas, que delícia!

Enquanto estava aquela discussão toda, os peixes resolveram fugir. Saíram para a rua e Miguel resolveu segui-los. Visitaram a cidade debaixo de uma garoa fina. Um deles até comprou um mini guarda-chuva e ficou rindo na neblina. A chuva apertou e o farol para pedestres demorava para abrir. Pularam na sarjeta gritando yes, yu huuuu, que legal! antes de sumir tragados pelo esgoto pluvial...

— Bem — pensou Miguel nem alegre nem triste — lá vão eles de volta para o rio.

E, agachando-se perto do aguaceiro, achou o mini guarda-chuva preso na grade do bueiro. Puxou de leve mas com tudo, agarrado a ele estava o peixinho pernocudo.

— Ué! você não foi? — perguntou Miguel.

— É que meu guarda-chuva querido ficou entalado — respondeu o peixinho com cara de afogado.

Passaram-se dias, meses. Miguel vivia com seu peixinho no ombro e quando ficou muito pesado este passou a andar bem pertinho, do seu lado, brincando, conversando. Amigos quase grudados.

Para vê-los não deixe de ir à sorveteria, não, não deixe. Lá estão eles todo fim de semana: Miguel e sua iguana com rabo de peixe.

O porco espacial

Camilo, o porco, cansado de viver por viver,
queria construir um foguete com pretensão
estrelar.

— Ok — disseram seus amigos — vamos
sentar para pensar...

Mas os porcos, que não conseguiram
pensar em nada, entraram em alfa, beta,
gama, theta e só despertaram com o "plim!"
de um whatsapp especial, frente e verso,
que parecia ter chegado do outro lado
do universo, com cálculos e plantas de
uma nave espacial. Tudo simples fácil e
desenhado com gosto.

Assim, Camilo e seus amigos aterrissaram
em solo lunar numa manhã de agosto...

A NASA, com seu olhar de telescópica luneta,
achou que os porcos vinham de outro planeta.

— Olhem só, fincaram sua porcaria
de bandeira ao lado da nossa! — esbravejou
o general.

— Nada daqui nos interessa — contestaram
os porcos.

E Camilo esticou as duas bandeiras no chão
para fazerem um piquenique.

— Nossos porcos não vão além da pocilga —
disse o general arrasado — não passam de uns
suínos... sem dúvida foram treinados por esses
safados beduínos.

Declaram guerra ao inconsciente
coletivo. Procuraram provas no arquivo para
demonstrar a tese de agressão.

Em três minutos tudo estava pronto,
ligado, apontado, bombardeado, legitimado.

Na lua já são quatro da tarde, depois de
passear um pouco, os porcos tomaram chá
com biscoito e voltaram para casa.

O jornal das 8 anunciou o destino incerto
dos povos do deserto. Beduínos, seus camelos,
suas tendas eram poeira no chão.

Camilo achou a notícia triste e desligou a
televisão. O dia tinha sido comprido e bem
cheio; o descanso era sem dúvida merecido.

Três estrelas-do-mar

Assim, deitadas no chão, braços abertos, três estrelas-do-mar esperavam a maré para levá-las de volta ao lar.

Eram seis da manhã. As estrelas tinham varado a noite na areia só para ver suas irmãs lá do céu. Ficaram um pouco decepcionadas. Estrelas do céu são pequenas demais e vivem num breu que dá dó. Da lua sim elas gostaram e agora das nuvens moles e tortas que correm, se abraçam, se juntam todas e vão descendo, descendo, descendo devagar sobre a praia...

— Hei, que negócio é esse? — diz a primeira estrela.

— Já não vejo quase nada — diz a segunda.

— Será que o mar do céu desceu para nos levar? — pergunta a terceira.

— Vamos! estiquem os braços — responde a primeira — vamos decolar!

E veio uma onda arrastando-as de volta para o mar.

Antas e Sandra

Sem realizar muito bem o tamanho do seu
projeto sócioecológico, Antônio Siqueira
mediu a anta empalhada no meio da sua
sala. Aquela sim, era uma verdadeira anta,
não aquela maluca que tinha acabado de
sair de sua casa batendo a porta rachando o
batente. De repente, viver no meio das antas
em plena Chapada Diamantina, poderia
ser mais do que um sonho. Poderia ser uma
pesquisa, uma pesquisa interessantíssima
sobre o comportamento desses mamíferos
prezados apenas por sua carne... Quem disse
que uma anta não passa de uma anta? pensava
Antônio Siqueira baixinho para não assustar
a si mesmo. Sandra era de uma violência... e
forte, força no braço. Quem teria mais força:
Sandra ou uma anta? Dependia da idade da
Anta, claro. E o tamanho do coração? Aí não
sei não... Antas são tão indefesas, pensava
Antônio acariciando a sua sem olhá-la. Na
Chapada Diamantina posso levar alguns
livros. Aprendi a plantar mandioca naquele

programa de TV. Posso comer tomate sem agrotóxicos...

Sandra voltou com um pacote de compras e preparou o jantar cantado baixinho aquela música do Cartola.

A viagem dos macacos

3 macacos viviam no mais alto galho da floresta. Lá mesmo comiam, divagavam, faziam sesta. Olhar para o horizonte era a única brincadeira, fora saborear o vento que trazia cheiros de flores desconhecidas. E isso animava a velha discussão sobre possíveis viagens e aventuras, mas a conversa sempre terminava do mesmo jeito:

— Seria muita loucura...
— Melhor ficar por aqui...
— É isso aí...

Um dia o vento apertou e um dos macaquinhos caiu, batendo de galho em galho até o chão...

Quando os dois outros macaquinhos chegaram, fizeram as contas: dois braços quebrados, menos cinco dentes, uma coluna em frangalho, duas pernas dormentes.

Improvisaram uma maca onde deitaram o macaquinho estropiado.

— Bom, parece que chegou a hora...
— Pois é, vamos embora.

Atravessaram o Rio das Pedras e o Cerrado dos Espinhos e no alto do Morro dos Espíritos ouviram falar de um certo bruxo curandeiro. Assim seguiram pelo Vale do Serafim até chegarem muito cansados ao pé da Montanha dos Gritos...

— Para mim chega — disse um macaquinho.

— Para mim também: é o fim... — disse o outro pousando a maca no chão.

Foi quando o macaquinho quebrado começou a delirar e contar histórias de lugares incríveis com árvores milenares, seres gigantes de muitos olhos, e um certo macaco bruxo de barba longa e rabo mole que aconselhava embrulhar com folhas de taca-taca o corpo do doente. Ficaram assim durante 40 dias quase sem dormir ouvindo do macaquinho embalsamado histórias que pareciam ser de outro continente...

Depois de 40 dias o macaquinho convalescente parou de respirar...

— Agora sim... — disse o primeiro macaquinho.

— É o fim — disse o segundo...

Depois de rezarem baixinho jogaram a

primeira pá de terra sobre o corpo do amigo...

— Foram 40 dias de aventura — disse o primeiro jogando a segunda pá de terra.

— Quantas histórias, — disse o segundo — conhecemos lugares incríveis — E quando este ia jogar a terceira pá o macaquinho da maca levantou e disse:

— Tá na hora, vamos para casa!

— Boa viagem — disse um velho macaco de rabo mole sentado no quinto galho da árvore ao lado...

Poesenhos

249 leão atravessando o riacho
251 leite
253 mula no poncho
255 minhoca de pé, minhoca plantando bananeira
257 olhos fixos
259 pato decapitado
261 caixa de ovos incompleta
263 leão muito magro
265 pirulito chupado
267 mesa com pé engessado
269 porquinhos com medo de se perder
271 água dura em pedra mole
273 galinha voadora botando ovos
275 rinoceronte empalhado vazando
277 colher magrela, garfo banguela
279 anéis de noivado em caixa de veludo
281 minha vez
283 bigode abandonado no chão
285 mini hipopótamos de circo
287 vaso de flores dormindo
289 cavalo de tutu
291 tomada sem o polo negativo
293 leão e bambolê
295 pescoço de girafa com alface e tomate

297 pássaro trocando de ninho
299 farol com várias opções
301 galinha muito gorda
303 caneta sem tampa, tampa sem caneta
305 dois em um
307 anjos dirigindo
309 porco espinho espirrando
311 cacto podado
313 pássaro plantando bananeira
315 calção de banho
317 bruxa para cima, bruxa para baixo
319 tartaruga sem ruga
321 foca de circo cansada
323 fósforos em equilíbrio
325 pinguim congelado
327 meias escadas
329 tatu bola
331 vagem de rodinhas
333 namorado cansado de esperar

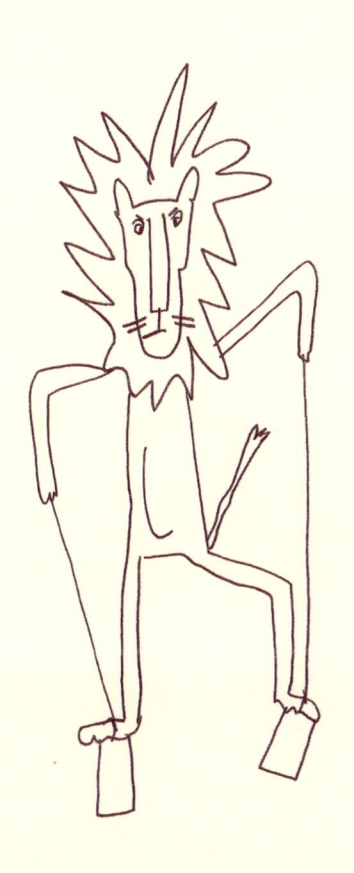

leite

mula no poncho

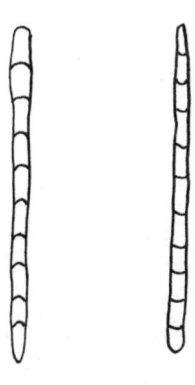

minhoca de pé, minhoca plantando bananeira

olhos fixos

pato decapitado

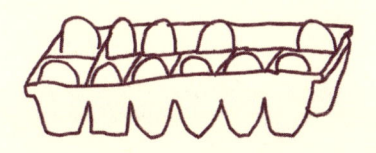

caixa de ovos incompleta

leão muito magro

pirulito chupado

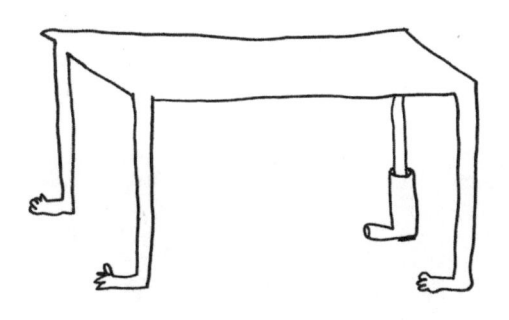

mesa com o pé engessado

porquinhos com medo de se perder

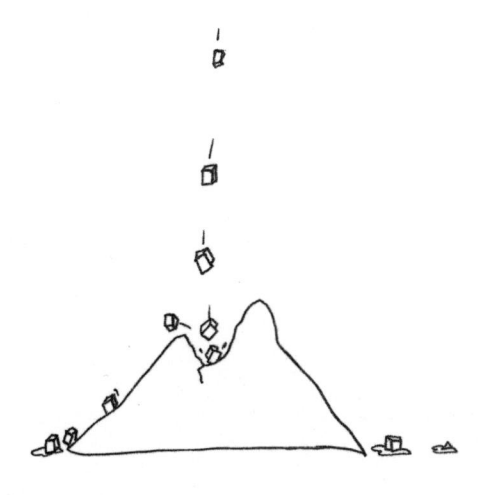

água dura em pedra mole

galinha voadora botando ovos

rinoceronte empalhado vazando

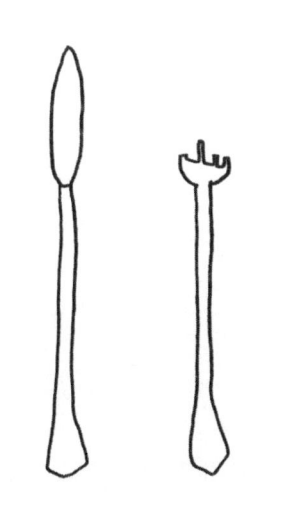

colher magrela, garfo banguela

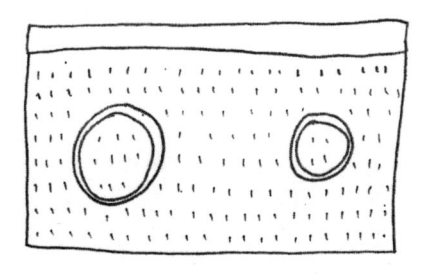

anéis de noivado em caixa de veludo

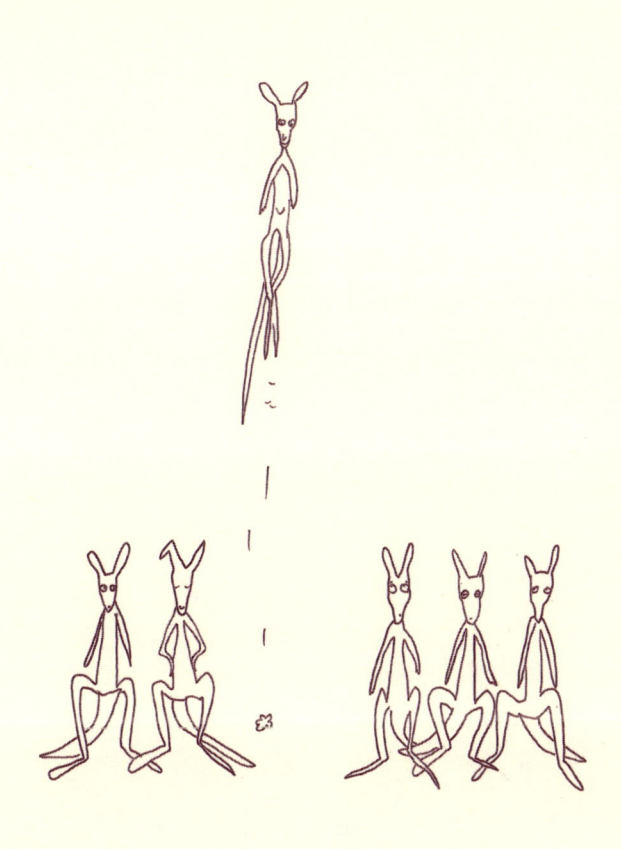

minha vez

bigode abandonado no chão

mini hipopótamos de circo

vaso de flores dormindo

cavalo de tutu

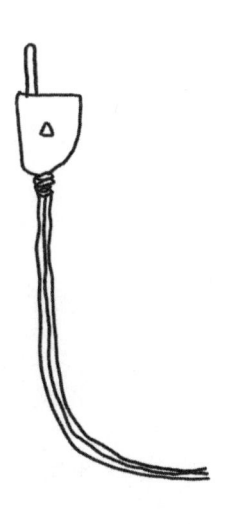

tomada sem polo negativo

leão e bambolê

pescoço de girafa com alface e tomate

pássaro trocando de ninho

farol com várias opções

galinha muito gorda

caneta sem tampa

tampa sem caneta

dois em um

anjos dirigindo

porco espinho espirrando

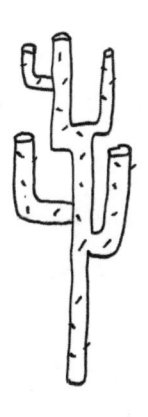

cacto podado

pássaro plantando bananeira

calção de banho

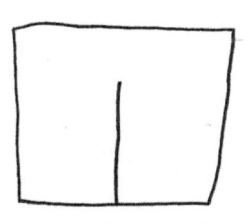

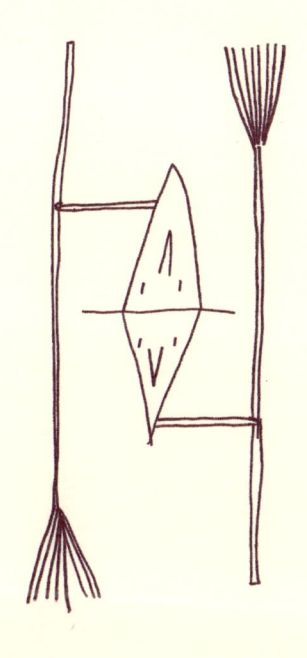

bruxa para cima, bruxa para baixo

tartaruga sem ruga

foca de circo cansada

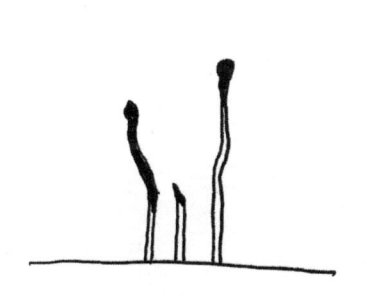

fósforos em equilíbrio

pinguim congelado

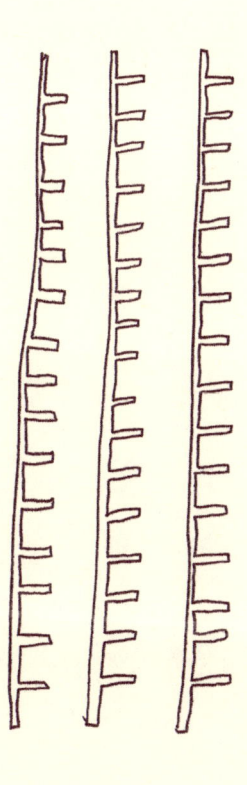

meias escadas

tatu bola

vagem de rodinhas

namorado cansado de esperar

©2019 Gilles Eduar

Todos os direitos desta edição
reservados à Laranja Original
Editora e Produtora Ltda.

www.laranjaoriginal.com.br

LARANJA ● ORIGINAL

ISBN 978-85-92875-51-0

Dados internacionais
de Catalogação
na Publicação (CIP)
(Câmara Brasileira do Livro,
SP, Brasil)

—

Eduar, Gilles
   Pequenas Histórias de Amor
e Morte e outros assuntos
referentes / Gilles Eduar.
1ª ed. – São Paulo: Laranja
Original, 2019.

1. Contos brasileiros
2. Ilustrações 3. Poesia
brasileira I. Título.

19-25363
CDD-B869.3

ISBN 978-85-92875-51-0
—

Índices para catálogo
sistemático:
1. Contos : Literatura
brasileira B869.3
2. Poesia : Literatura
brasileira B869.1

Cibele Maria Dias,
bibliotecária – CRB-8/6652

EDIÇÃO
Filipe Moreau
Clara Baccarin

PREPARAÇÃO E COEDIÇÃO
Maria Eduar

PROJETO GRÁFICO
DE CAPA E MIOLO
Celso Longo,
Caterina Bloise (assistente)

TRATAMENTO DE IMAGEM
Carlos Mesquita – inf.lux.us

PRODUÇÃO GRÁFICA
Estúdio Miolo

PRODUÇÃO EXECUTIVA
Gabriel Mayor

DESENHOS
Gilles Eduar

Este livro foi impresso no
inverno de 2019 em Amalia Pro
sobre os papéis Pólen Bold 90g/m²
e Pop'Set Flame Orange 120g/m²,
com tiragem de 1000 exemplares.

№ 0755